Detlef Heublein

Neue Früchte

vom Lebensbaum

BooKS on DEMAND

Detlef Heublein

Neue Früchte
vom Lebensbaum

Heitere und ernste Gedichte

Bibliografische Information der Deutschen Nationalbibliothek:
Die Deutsche Nationalbibliothek verzeichnet diese Publikation in der Deutschen Nationalbibliografie; detaillierte bibliografische Daten sind im Internet über http://dnb.dnb.de abrufbar.

Cover: D. Heublein

Herstellung und Verlag: BoD – Books on Demand, Norderstedt

ISBN: 978-3-739-**2496-43**

Dichterische Gedanken

Scheint fast, als hätt' ein Gott versucht,
den Dichtertyp in mir zu wecken.
Vielleicht hat er sogar geflucht,
weil ich das lange konnt' verstecken.

Jetzt schreib ich zwar, doch kann ich das,
was er gern wollte, kaum beschreiben.
Ich dichte wirklich nur zum Spaß,
wär es ihm recht, ich ließ es bleiben ?

Ich sollte doch vor allen Dingen,
so zog er es wohl in Betracht,
nur jenes wirklich rüberbringen,
was alle hier zu Freunden macht.

Doch gehe ich mit wachen Augen
und kritisch auch in meinen Tag,
find Fehler oft, die dazu taugen,
dass ich mit Witz sie zu euch trag.

Hai-Leid

Man hört so oft das Wort Hai-Leid,
ich denke, es wird höchste Zeit,
dagegen einmal vorzugehen,
weil Haie das nicht gerne sehen.

Dass Menschen und Haie oft Feinde noch sind,
weiß heutzutage wohl jedes Kind.
Allein schon durch Filme wird jedermann klar,
erscheint jetzt ein Hai, dann droht auch Gefahr.

Die Haie, sie leben schon seit Jahrmillionen
schon lang, bevor Menschen die Erde bewohnen.
Sie jagten zwar Tiere von Anfang an,
doch der Hai ist ein Wesen, was anders nicht kann.

Der Mensch wurde sein natürlicher Feind,
der Jäger und Feinschmecker in sich vereint.
Für den Hai war das kein wirkliches Glück,
er wehrt sich und schlägt auch oft grausam zurück.

Doch deshalb dem Hai ein Leid zuzufügen,
bereitet mir trotzdem nicht wirklich Vergnügen.
Sie spüren den Schmerz so wie jedes Tier
und wünschen sich Liebe, genauso wie wir.

Ich mag diese Tiere trotz jeder Gefahr
und verstehe die Angriffe manchmal sogar.
Bin auch nicht zu Freudensprüngen bereit,
wenn es wieder mal heißt: Das war ein Hai-Leid.

Arme Schnecken

Bei Schnecken gibt es arm und reich.
Den Unterschied bemerkt man gleich,
betrachtet man das Schneckenhaus.
Es sieht sehr unterschiedlich aus.

Mal ist das Schneckenhaus sehr klein.
Die Schnecke passt dort trotzdem rein.
Die Unterschiede sind enorm
in Größe, Farbe und auch Form.

So manches Haus ist schön verziert
und sieht fast aus wie frisch poliert.
Ein anderes ist grau, wirkt kalt
und ist wohl außerdem sehr alt.

Von lang und spitz bis kurz und rund
von einfarbig bis kunterbunt,
so können wir sie vor uns sehen
beim Wandern und Spazieren gehen.

Es gibt auch Schnecken ohne Haus.
Sie sehen völlig wehrlos aus.
Das sind die Ärmsten aller Schnecken.
Sie können sich nicht mal verstecken.

Hallo, wie geht's

Wenn jemand fragt: Hallo, wie geht's,
dann hab ich eine Antwort stets:
Schlechten Menschen geht es gut,
die Antwort steckt mir tief im Blut.

Natürlich könnte ich auch klagen
und negative Dinge sagen,
doch hat er seine eignen Sorgen
und braucht sich keine fremden borgen.

Denn wenn ich ihm ein Ohr abkaue
und ihm damit den Tag versaue,
bringt das uns beiden nicht sehr viel,
nur ein noch schlechteres Gefühl.

So sag ich ein paar nette Worte,
und zwar so welche von der Sorte,
die ein Lächeln ihm abringen
und uns beiden Freude bringen.

Ich gehe dann sehr froh und heiter
meine eignen Wege weiter,
freue mich und bin vergnügt.
Ein Lachen hat den Frust besiegt.

Geburtstagsfeier

Ein neues Lebensjahr beginnt
man hat im Leben was erreicht,
man merkt, wie schnell die Zeit verrinnt,
es war nicht immer alles leicht.

Der Grund zum Feiern ist geblieben,
die Freunde sind schon eingeladen,
Probleme einmal fortzuschieben,
kann diesmal ganz gewiss nicht schaden.

Geschenke sind zwar gut und richtig,
doch darauf kommt es gar nicht an.
Mit Freunden feiern, das ist wichtig
und Spaß zu haben auch daran.

Die Frage: Wird das Essen reichen,
die stellt sich dann wie jedes Jahr.
Man will die Gäste nicht enttäuschen,
weil es diesmal zu wenig war.

Doch wie immer war auch heute,
viel mehr da, als man essen kann.
Was auch letztendlich alle freute,
die Reste gibt es morgen dann.

Und mit Erleicht'rung stellt man fest,
die Feier war mal wieder toll,
man geht zufrieden in sein Nest
und fühlt sich richtig wohl.

Schlussverkäufe

Schlussverkäufe sind das Beste,
was der Markt uns bieten kann
und die Leute stöbern feste.
Schnäppchen kommen immer an.

Bettwäsche, Schuhe oder Socken,
alles muss jetzt billig raus,
sonst bleibt der Laden darauf hocken,
die Leute schleppen 's mit nach Haus.

Die Freude währt nur kurze Zeit
und das ist wirklich ziemlich dumm,
dann ist es wieder mal soweit,
das Zeug liegt nur zu Hause rum.

Man haut das Zeug dann auf den Müll
oder sammelt es auf Halde
und hat ein freudiges Gefühl:
Der nächste Ausverkauf kommt balde.

Warnung

Ich liebe dich, sagst du jetzt schlau
und schielst schon nach ner andren Frau.
Von deiner Frau kennst du die Laster

(und außerdem hat sie den Zaster).

Der liebe Gott

So mancher glaubt, der liebe Gott,
das wäre eine Frau.
Ein andrer sagt, es wär ein Mann,
wer weiß das schon genau.

Vielleicht ist Gott ja nur ein Kind,
das Spielchen mit uns treibt,
nach dem die Eltern Ausschau halten
und sich wundern, wo es bleibt.

Denn denkt man an des Gottes Launen,
wer kann das schon verstehn,
erst wollte er die Saurier,
dann ließ er sie vergehn.

Die Spielsachen die vielen,
die er mit auf die Erde brachte
ließ er ganz schnell verschwinden,
wenn's keinen Spaß mehr machte.

Das letzte, was er schuf,
das war der Mensch - der feine
Doch als der anfing nachzudenken,
da ließ er ihn alleine.

Ich kann das nur vermuten,
denn ich war ja nicht dabei,
es gibt so viele Möglichkeiten,
wie das gewesen sei.

Doch denke ich, dass jeder
Gott mit andren Augen sah,
für manche war Gott nie erreichbar,
für andre immer da.

Wenn man mich fragte, was ist Gott,
dann sagte ich ganz nett:
Gott ist die Vollkommenheit,
die der Mensch so gerne hätt.

Zum Valentinstag

Der Valentinstag ist ein alter Brauch,
doch brauchst du mich danach nicht fragen.
Denn wer sich liebt, der zeigt das auch
an ganz normalen Tagen.

Denn zeigt man es nur zu solchen Zeiten,
erscheint das fast schon wie ein Zwang.
Auch an anderen Tagen Freude bereiten,
und sich mitfreu'n, wenn es gelang.

Und dazu gehören auch kleine Geschenke.
Das muss nicht im Februar sein.
Doch bevor ich meinen Schatz jetzt kränke,
kauf ich schnell noch Blumen ein.

Paradox

Man stößt auf die Gesundheit an
mit hohen Alkoholprozenten.
Wenn einer zu oft anstößt, dann
kann's für ihn bitter enden.

Massage

Der Winter ist es, den ich mag,
weil er mein Leben mir verschönt
und wegen dem man jeden Tag
vor allem morgens mich verwöhnt.

Massage, völlig kostenfrei
tut mir so gut, was soll ich sagen ?
Ich fühle mich so wohl dabei,
viel besser als an andren Tagen.

Erst steht ein Handfeger bereit,
dann ein Gerät, das auf der Stelle
vom Rest des Eises mich befreit
problemlos und ganz auf die Schnelle.

Das alles zählt zu den Massagen,
die bei mir selbst so stark beliebt
und die ich täglich könnt ertragen,
doch die es nur im Winter gibt.

Dürft' ich auch einen Wunsch nur nennen,
sei es auch nur ein kleiner frommer,
so würde ich als erstes nennen,
dass ich Massage krieg im Sommer.

Wird mir mein kleiner Wunsch erfüllt ?
Verlange ich vielleicht zu viel ?
Dass mein Verlangen wird gestillt,
wünscht sich dein treues Fahrmobil.

Gefährliche Tiere

Ich denke so manchmal: Es ist doch gemein.
Gefährliche Tiere sind oftmals sehr klein.
Hätten Mücken die Größe wie unsere Kühe,
sie zu finden hätten wir dann gar keine Mühe.

Sie könnten dann sicher auch nicht so gut fliegen,
wir könnten bestimmt sie auch besser besiegen.
Vor allem huschten sie nicht wie Gespenster
bei Dunkelheit unentdeckt durch das Fenster.

Oder denke ich gar an die winzigen Zecken,
die oftmals im Grase sich sehr gut verstecken.
Hätten sie die Größe von einem Schwein,
würden auch besser zu sehen sie sein.

Noch schlimmer ist es schon fast mit den Viren,
die unsichtbar in unseren Körper marschieren.
Sie kommen problemlos auch oftmals hinein,
man kann sie nicht sehen, sie sind viel zu klein.

Wie kann man denn Mutter Natur noch verstehen ?
Sie schafft diese Wesen, ohne dass wir sie sehen.
Vielleicht denkt sie gar, dass wir uns nicht trauen,
den Gefahren so furchtlos ins Auge zu schauen.

Zeitumstellung

Zeit kann man nicht kaufen, nur verborgen,
so wie die 1 Stunde heute morgen.
Ich gab die 1 Stunde nicht gern her,
denn eigentlich vermisse ich sie sehr.

Ich frag' mich, wer hat sich da ausgedacht,
was diesen Tag für uns viel schwerer macht,
denn ausgetrickst wird wirklich nur
der Wecker – nicht die inn 're Uhr.

Der Körper braucht meist 1, 2 Tage,
dann geht es wieder – keine Frage.
Sechs Monate sind wieder wir bereit
für diese neue Uhrenzeit.

Dann gibt man die geborgte Stunde uns zurück
zwar großzügig komplett in einem Stück,
doch sehe ich noch keinen Grund zum Grinsen,
denn auf die Stunde gibt es keine Zinsen.

Wunschträume

In Träumen kann man manchmal sehen,
wie Wünsche in Erfüllung gehen.
Doch lässt ein starker Willen
uns manchen Traum erfüllen.

Gedichte auf Bestellung

Bei mir kann man keine Gedichte bestellen,
ganz egal, aus welchem Anlass auch immer.
Ich würde damit nur meine Muse verprellen,
denn vom Dichten hab ich keinen Schimmer.

Ihr braucht zum Geburtstag mal grad ein Gedicht ?
Ich würde euch helfen sehr gern.
Doch fragt mich dazu besser nicht,
eine Bestellung liegt meiner Muse so fern.

Ich würde sehr passend zu Feiertagen
auch ein Gedicht ganz gern einmal schreiben,
doch brauch ich das meiner Muse nicht sagen,
sie spricht: Nimm dieses oder lasse es bleiben.

Es ist immer die gleiche Geschichte,
wenn Talentlosigkeit dich beehrt.
Entweder ich sage ihr, ich verzichte
oder nehme das, was sie mir beschert.

Kreditangebot

Sie brauchen Geld, wir geben es gern
zu wirklich guten Konditionen.
Sie auszunutzen liegt uns fern,
es soll sich ja für Sie auch lohnen.

Wir helfen Ihnen, zu bleiben liquid,
die Zinsen dafür sind sehr klein.
Wir gewähren diesen Superkredit
und räumen Ihnen dadurch Vorteile ein.

Wünsche können Sie damit erfüllen,
die Sie schon so lange hatten
und mit Ihrem guten Willen
können Sie sich's jetzt gestatten.

Sie können auch noch selbst entscheiden,
wie Sie ihre Rate zahlen.
Größere Raten sollten Sie meiden,
wenn Sie nicht so gerne prahlen.

Ich lese das Angebot hocherfreut
und denke auch mal an die Zinsen.
Ich glaub nicht, dass man es bereut
und muss bei dem Gedanken grinsen.

Mir fallen meine Sparzinsen ein,
die ich bekomme und denk heiter,
unter 4 % wird das wohl sein.
Die innere Stimme sagt – Träum weiter.

Widerlegung eines Vorwurfs

Du sagst mir, du wärst in der Nacht
ganz unerwartet aufgewacht.
Dich hat mein Schnarchen sehr gestört.
Du wirst es nicht glauben: Ich hab nichts gehört.

Du redest mir das vielleicht nur ein,
um wieder mal im Recht zu sein,
doch kann ich wirklich nicht ganz glauben,
ich würde deinen Schlaf dir rauben.

Ich kann es bezeugen, es ist übertrieben,
denn ich bin eine Nacht wirklich wach mal geblieben,
damit ich dem Vorwurf ein Ende bereite.
Kein Schnarchen kam dabei von meiner Seite.

Lachverlust

Vermisst du mal den Grund zum Lachen
solltest du was dagegen machen.
Vielleicht genügt auch schon ein Teil
einer Lektion von Herricht und Preil.

(im Andenken an 2 große Humoristen)

Kinderzeit

Wie toll ist doch das Kinderleben.
Nur ständig am Computer kleben,
sich freuen, wenn ein Feind umfällt
und selbst ist man ein großer Held.

Der Gegner ist meist ein Computer,
es muss vor allem sein ein guter
mit großer Grafikkarte drin.
Auch guter Sound macht dabei Sinn.

Will man nicht spielen ganz allein
geht man ins Internet hinein
und spielt so gegen and're Leute
auf der ganzen Erdenweite.

Hat man zum Spielen keine Lust,
vergeht beim Fernseh'n schnell der Frust
beim allerneuesten Psychotriller
und dem Schrecken vor dem Killer.

Was mussten wir uns früher plagen,
mit Freunden um die Ecken jagen.
Beim Fußballspiel und Baden gehen,
da fanden wir die Freizeit schön.

Ich denk gern an die Fahrradtouren,
die schönen Strecken, die wir fuhren.
Und bei der wohlverdienten Pause
gabs zur Erfrischung grüne Brause.

Rumzusitzen war ein Graus.
Das hielten wir nicht lange aus.
Doch hatten wir mal Lust zum Lesen,
dann sind wir voll dabei gewesen.

Es gab keine Computerspiele,
Fernsehprogramme auch nicht viele
und trotzdem war'n wir gerne Kinder.
Ich denk, wir lebten auch gesünder.

Schlagzeilen

In Nachrichten, so kann man hören,
es gibt auch Zeilen, die nur stören.
So packt man sie wohl an den Kragen,
um sie mal kräftig durchzuschlagen.

Ob diese Schläge Schmerz bereiten,
darüber könnte man sich streiten.
Kann sein, dass sie sich kräftig wehren
und dann als Ente wiederkehren.

Kein Urlaub für den Weihnachtsmann

Das Weihnachtsfest ist längst vorbei,
ich wäre eigentlich jetzt frei
von feierlichen Pflichten,
doch frei hab ich mitnichten.

Ich habe Kinder reich beschenkt
und wenn man es so recht bedenkt,
hat manches Kind ganz ungeniert,
trotz Bosheit ein Geschenk kassiert.

Ich gebe zu, es ist nicht leicht,
wenn man sich trotzdem noch erweicht,
dem Kind die Freude zu bereiten.
Man könnte sich darüber streiten.

Mein Job ruht fast ein ganzes Jahr,
doch habe Arbeit ich sogar
noch vor der nächsten Weihnachtsfeier,
bemale jetzt die Ostereier.

Der Osterhase hat es schwer,
und wenn mein Einsatz jetzt nicht wär,
dann käme er ganz schön ins Schwitzen.
Er kann zur Weihnachtszeit mir nützen.

Die Osterspazierfahrt

Vom Eise befreit sind die Autodächer.
Die Sonnenstrahlen streifen wie Fächer
über die Reste von Schnee und Eis
und langsam schmilzt das letzte Weiß.

Jetzt ist der Zeitpunkt, dass man nur
hinaus will schnell in die Natur.
Das Auto liegt schon startbereit
für diese schöne Frühlingszeit.

Das tolle Wetter kündigt an,
dass man auch schneller fahren kann.
Kein Glatteis mehr die Straßen ziert
und hinterhältig zu uns stiert.

Und viele bunte Autos starten
zur Autobahn und in den Garten.
Die Farbenpracht verkündet jetzt:
Der Winter wurde abgesetzt.

So fahren Autos ihre Spur
direkt durch blühende Natur
und froh verkünden groß und klein:
Hier fahr ich in den Frühling hinein !

Verlorener Lebensmut

Du bist am Boden, bist zerstört,
die Diagnose war nicht gut.
Was immer auch dazu gehört,
nimmt dir jetzt noch den letzten Mut.

Du weißt, du musst ins Krankenhaus,
glaubst, du kehrst niemals wieder heim.
Malst dir schon in Gedanken aus,
du gehst dem Tod bald auf den Leim.

Was würdest du in letzten Tagen
noch schnell und gern im Leben tun ?
Was würdest du den Liebsten sagen,
bevor für immer du wirst ruhn ?

Mal nicht den Teufel an die Wand !
Du hast die Kraft, ihn zu besiegen.
Mach dir nur Mut, nutz' den Verstand,
lass dich so schnell nicht unterkriegen.

In ein paar Wochen lachst du drüber
und denkst, du hattest wirklich Glück.
Die große Angst ist dann vorüber,
die Lebensfreude ist zurück.

Bismark

Fürst Bismark hat ganz unumwunden
ein neues Tier für uns erfunden.
Und dafür sollten wir ihn loben,
statt über diesen Mann zu toben,
weil er sein Volk hat unterdrückt.
Das war ihm auch sehr gut geglückt.

Ich kann das zwar nicht ganz verstehen,
doch sollten wir das Gute sehen,
so hat er wohl fast über Nacht,
ein neues Tier für uns erdacht.
Den Bismark-Hering mögen wir.
Wir danken, Bismark, dir dafür.

Ein echtes Haustier

Als Haustier zählt beim Menschen
der Ochse und das Schwein,
doch frag ich: Wer lässt diese Tiere
denn in sein Haus hinein ?

Die gleiche Frage stellt sich auch
beim Schaf und bei der Ziege.
Ein echtes Haustier aber ist
auf jeden Fall die Fliege.

Aprilwetter

Ich weiß nicht, was die Leute reden,
so schlecht bin ich doch wirklich nicht.
Ich bringe euch des Frühlings Segen,
die Sonne zeigt euch ihr Gesicht.

Hab euch auch in den letzten Jahren
vor allem Wärme viel gebracht.
Wollt Trockenheit euch offenbaren
und Regen fast nur mal bei Nacht.

Und trotzdem bleibt der Spruch bestehen,
ich würde machen, was ich will.
Sollt' schönes Wetter fremd mal gehen,
dann liegt das nur an dem April.

Habt ihr denn wirklich nicht verstanden,
dass ich ein Hoffnungsbringer bin ?
Wenn Sonnenstrahlen kurz verschwanden,
dann starten sie zum Neubeginn.

Bleibt wechselhaftes Wetter kleben,
zum Beispiel mal im Monat Mai,
sprecht ihr vom Aprilwetter eben,
doch ist April ja dann vorbei.

Drum bitte ich euch mal, ihr Lieben,
ich finde das nicht sehr gerecht,
nicht alles nur auf mich zu schieben,
denn ich bin wirklich nicht so schlecht.

Glänzende Geschäfte

Ich bin kein Geschäftsmann, kein Gauner, kein Lord
und wisch den Verdacht auf Betrug gleich mal fort.
Bin eher ein ehrlicher, strebsamer Mann,
der gern auch als Vorbild euch dienen kann.

Ich gebe es zu, bin auch kein Millionär.
Millionen zu scheffeln, fällt wirklich sehr schwer,
wenn man nicht gerade mal im Lotto gewinnt
und sich auch nicht auf Gaunereien besinnt.

Und doch mach ich glänzende, gute Geschäfte,
dazu brauche ich nicht einmal Werbehefte,
denn die Öffentlichkeit muss davon gar nichts wissen,
sie wird Kommentare dazu nicht vermissen.

Ihr fragt euch vielleicht, was letztendlich ich tue.
Ich steh auf dem Flur und ich putze gerad Schuhe,
mach sie glänzend und finde es nicht übertrieben,
dass ich sauberen Schuhen mich habe verschrieben.

Bäume

An Bäumen sind oft Früchte dran,
die man sehr gut vernaschen kann.
Der Apfelbaum lässt Äpfel reifen,
nach denen Menschen ganz gern greifen.

Auch Birnen, Pflaumen, Aprikosen
wachsen an Bäumen – nicht in Dosen.
Wenn man sie auch drin finden kann,
erst hängen sie an Bäumen dran.

So gibt es Bäume, die bescheren
uns ihre Früchte zum ernähren,
doch neben diesen Früchtebäumen
auch andre uns're Straßen säumen.

Auch Nadelbäume Früchte geben,
damit auch Tiere überleben,
Zum Beispiel Eichhörnchen – die nahmen
seit langem schon des Zapfens Samen.

Kastanienbäume, das ist klar,
tragen Kastanien – wunderbar,
was manchen Tieren sehr gut schmeckt,
hat man zum Basteln auch entdeckt.

Am Affenbrotbaum hängen Affen,
um Brote sich heranzuschaffen.
Zwar hab ich das noch nicht geseh'n,
doch sah den Baum ich hier nicht steh'n.

Wie gut, dass uns die Namen sagen,
was alle diese Bäume tragen,
doch eine Antwort ich versäume:
Was tragen denn die Mammutbäume.

Abschied vom Mai

Ich wünschte, es wär ewig Mai,
doch morgen schon ist er vorbei,
was ich zutiefst bedauer
und in mir wächst die Trauer.

Nicht nur des schönen Wetters wegen,
der Glücksgefühle, die sich regen
oder der vielen Sonnenstrahlen,
die farbenfrohe Bilder malen.

Auch wenn die Vögel schon am Morgen
mit ihren Liedern uns versorgen
und wir auch danken stets dafür,
so steigt die Trauer auf in mir.

Der Grund – ich geb es ehrlich zu,
lässt momentan mir keine Ruh,
denn er ist schmerzhaft gegenwärtig.

Ich hab den Steuerkram nicht fertig.

3-D-Drucker

Ohne Technik könnten wir heut nicht leben,
was würde es ohne sie denn noch geben ?
Ich finde es toll und bin auch oft dabei.
3-D-Drucker sind jetzt der neueste Schrei.

Ich schaffe mir auch solchen Drucker gleich an,
um zu sehen, was alles er drucken mir kann.
Er ist nicht ganz billig, das ist völlig klar,
doch könnte ich drucken ein Haus mir sogar.

Vor allem bin ich mir darüber im Klaren:
Mit so einem Drucker, da könnte man sparen.
Was ich brauch oder möchte, das kann ich dann haben
und das alles ohne Geldausgaben.

Am Computer kann ich mir alles entwerfen,
den Blick für alles, was schön ist, mir schärfen.
Doch bin ich nicht sicher, vielleicht ist's egal.
Brauche ich dafür vielleicht Material ?

Vielleicht sollte ich erst mal ganz klein nur beginnen
und mir eine teure Mahlzeit ersinnen,
die ich schnell drucken könnte mir.
Ich hoffe, sie schmeckt dann nur nicht nach Papier.

Fragen zur Zukunft

Wie viele Menschen liegen wach
und denken über die Zukunft nach ?
Sie fragen sich: Wird alles schlechter ?
Oder wird die Welt gerechter ?

Wird mir die Arbeit stets gelingen ?
Was wird das Rentenalter bringen ?
Wie lange werde ich noch leben ?
Wird es davor noch Krankheit geben ?

Die Fragen stehen heute leider,
doch frag ich dich: Bringt uns das weiter ?
Die vielen Zweifel, die es gibt,
sie machen dich sehr schnell betrübt.

Gibt es denn keinen Grund zum hoffen ?
Noch sind so viele Fragen offen.
Überleg, was man besser machen kann,
denn die Zukunft fängt jetzt gerade erst an.

Zeitkauf

Könnt man die Zeit in einem Laden kaufen
und hätte man auch noch das Geld dazu,
dann bräuchte man nicht ständig nur zu laufen
und könnte endlich alles tun in Ruh.

Der große Investor

Ich helfe euch, große Paläste zu bauen
und auch, auf große Gewinne zu schauen.
Ohne meine Investitionen
würde auch Straßenbau sich nicht lohnen.

Auch bei Häusern und Plätzen bin ich mit dabei.
Mein Geld sitzt sehr locker, es liegt praktisch frei.
Bezahl mit an Kriegen, auch wenn ich nicht mag,
wobei ich so offen, das auch nicht gern sag.

Mit meinem Geld unterstütz ich auch Banken,
selbst wenn sie es mir nicht so wirklich gut danken.
Sie streichen das Geld ein, ich sehe sie grinsen.
Ich selber bezahle bei ihnen stets Zinsen.

Beim Geld für Beamte, den großen Pensionen,
sorg ich dafür, dass sie sich auch lohnen.
Beamte würde es gar nicht erst gebe.
Sie sollten mir danken, denn ich lasse sie leben.

Ich fühl mich so wichtig, ohne mich würd nichts laufen.
Politiker könnten auch Stimmen nicht kaufen.
Ich bin der Investor für fast jeden Zweck,
wobei ich stets neue Gebiete entdeck.

Ihr haltet vielleicht mich für arrogant,
doch habt ihr mich dann wirklich völlig verkannt,
denn ich bin durchaus auch kein großer Prahler,
bin einfach nur ein Steuerzahler.

Kurzer Tausch

Zu einem Kaufhaus fahren wir,
es ist schon spät, so kurz nach 4.
Wir sind dort gerade angekommen,
als die Idee kam – noch verschwommen,

doch dann tausch ich mit meinem Schatz
für kurze Zeit den Fahrerplatz.
Sie hat zwar keinen Führerschein,
doch parkt sie trotzdem mal kurz ein.

Warum, fragt ihr und kommt ins Stutzen.
Ich will den Frauenparkplatz nutzen.

Steuererklärung – Anlage W

Ich zahle ehrlich meine Steuer,
doch eines ist mir nicht geheuer.
Wie ich das Formular auch dreh',
es fehlt mir stets „Anlage W".

Wenn ich mein Geld zum Staate trage,
dann möchte ich, dass man mich frage
mit Auswahlpunkten, die ich seh
und zwar in der „Anlage W".

Wofür soll man mein Geld verwenden ?
Ich will es schließlich nicht verschwenden
an irgendwelche faulen Zecher
oder noch schlimmer, an Verbrecher.

Ich will auch Krieg nicht finanzieren,
das soll der Staat endlich kapieren.
Als Einsatz gegen Menschenleben
möcht' ich nicht einen Cent ausgeben.

Nichts schenken möcht' ich auch den Banken,
die an der eig'nen Gier erkranken.
Gewinn kann groß genug nicht sein,
man lässt auf Risiken sich ein.

Und geht die Sache dann daneben,
bezahlen wir die Zeche eben.
Die Steuerzahlung wär OK,
hätt ich zur Hand „Anlage W".

Gespart wird im Bereich „Sozial",
die Folgen scheinen fast egal.
Fehlt Geld auch überall im Leben,
so wird es sinnlos ausgegeben.

Auch wenn es euch nicht ganz gefällt,
ich will, dass von dem Steuergeld
kein Gauner, sondern in der Tat
das ganze Volk den Nutzen hat.

Ein gefährlicher Ort

Ich kann ja Leute gut verstehen,
die auch in Imbissbuden gehen,
wenn Hunger quält und Zeit ist knapp,
denn wer nichts isst, macht schneller schlapp.

Bei Kindern steht schnell futtern schon
sehr früh an erster Position,
so nebenbei auch, wenn es geht,
was auch nicht jeder gern versteht.

Gefragt sind Pommes oder Chicken.
Man kann ein Angebot rauspicken
mit zweifelhafter Quali-Güte
in einer Überraschungstüte.

Doch was ich letztens hab gehört,
macht mich verwirrt – sogar verstört,
Die Werbung brachte es ans Licht,
so ungefährlich ist das nicht.

Denn tödlich ist es an dem Ort,
drum schickt die Kinder besser fort.
Nehmt meine Warnung mir nicht krum,
dort treiben sich „Schießbürger" rum.

Juniwetter

Ich habe die Götter im Himmel beehrt
und habe mich über das Wetter beschwert,
denn es ist absolut ungerecht.
Sogar im Juni ist das Wetter schlecht.

Doch haben die Götter sich nichts draus gemacht
und haben mich außerdem ausgelacht.
Einer meinte sogar, ich sollte verschwinden,
sonst würd ich ein schlimmes Ende noch finden.

Sie sagten, dass ich kleiner Erdenwurm
noch dankbar sein müsste, dass kein großer Sturm
dem Leben auf Erden zu schaffen macht.
Das hat mich dann fast zum Wahnsinn gebracht.

Ich sprach, wenn das Wetter nicht besser werde,
verlasse ich sofort Mutter Erde,
um dann im Himmel für Ordnung zu sorgen,
dann gibt es nur schönes Wetter ab morgen.

Erwidert wurden die Worte mit Hohn,
drum jagte ich Gott eigenhändig vom Thron
und ordnete sonniges Wetter an,
was man an Herrscher ja machen kann.

Der Sonnenschein kam, die Kälte gebannt
und auch der Wind und der Regen verschwand.
Ein schöneres Wetter gab es wohl kaum.

Zu früh erwachte ich aus meinem Traum.

Aromatische Gerichte

Bei Lebensmitteln soll's das geben.
Sie dienen uns zum Überleben.
Die Qualität bestimmt seit Jahren
der Preis, denn schließlich will man sparen.

Doch essen wir auch manchmal Teer,
so nehmen wir das nicht so schwer.
Auch Erdöl und Sekret von Läusen
tun wir durch unsern Körper schleusen.

Wir haben das noch nicht entdeckt,
weil in Aromen das oft steckt,
die als natürlich ausgewiesen
und vorteilhaft uns angepriesen .

Gefälscht wird das, was wirklich teuer,
denn sparsam sein wirkt ungeheuer
auf Preis sich aus und auf die Menge,
beim Fälschen gibt es wenig Zwänge.

Auch wenn ihr das vielleicht nicht glaubt,
Aromastoffe sind erlaubt.
Ist die Erfahrung auch sehr bitter:
Wer Geld fälscht, landet hinter Gitter.

Vergewaltigung

Das Kleid zerrissen, zerzaust das Haar,
verzerrt mit Tränen ihr Gesicht,
begreift kaum, was da eben war,
glaubt fast, sie überlebt es nicht.

Gedanken kreisen wild umher,
für sie ist gar nichts mehr im Lot,
sogar das Atmen fällt ihr schwer,
sie wünscht sich fast, sie wäre tot.

Es gab auch Menschen in der Nähe,
die sahen, wie sie hastig floh
vor diesem Mann, der sie sehr zähe
verfolgte und dann griff sehr roh.

Ach wär das alles doch ein Traum,
doch leider ist es sehr real.
Vergessen kann sie das wohl kaum.
Warum war andern das egal ?

Für sie bricht eine Welt zusammen,
ich seh sie jetzt verstört vor mir.
Der Puls, er rast, Gefühl in Flammen,
ich würde gerne helfen ihr.

Doch völlig machtlos fühl ich mich,
versuch ihr einen Halt zu geben
trotz der Erfahrung wünsche ich,
dass sie zurückfindet ins Leben.

Die Eulen im Schlamm

Ich hörte nachts die Wölfe heulen,
ein Hochgenuss war 's für die Eulen.
Die flogen gleich zum Stelldichein
und trafen dort ein kleines Schwein.

Das Schwein, es spielte gerad in einer Suhle,
bis obenhin gefüllt war diese Kuhle
mit Schlamm, was jedem Schwein gefällt.
Die Eulen haben sich dazu gesellt.

Sie fühlten sich auch sichtlich ziemlich wohl
im Schlamm, auch ohne Alkohol.
Sie spritzten Dreck und lachten gar.
Für sie war's Spaß, das war vollkommen klar.

Sie wollten lange Zeit hier noch verweilen
und wollten sich nun wirklich nicht beeilen,
den Ort schnellstmöglich wieder zu verlassen.
Sie hatten Angst, sie könnten was verpassen.

Ihr sagt, das alles wär nur Spinnerei ?
Doch fühle ich mich dabei richtig frei
und sage euch dazu das Eine nur:
Das ist Poetenfreiheit pur.

Im Stich gelassen

Und wieder mal im Stich gelassen,
ist er sehr mürrisch und er grollt,
hat sich auf den Freund verlassen,
sitzt wie bestellt und nicht abgeholt.

Kein Hinweis auf ein Nichterscheinen
Auch nicht per Mail und Telefon.
Da konnte man doch ernsthaft meinen,
der Freund – er kommt ganz sicher schon.

Er wurde wieder mal versetzt
Wie so oft in letzter Zeit.
Die Psyche ist sehr stark verletzt
Und Zweifel kommen ihm erneut.

So manche Freundschaft ging in Fetzen,
weil man den andern ließ im Stich.
Du solltest Freunde nie versetzen,
denn sie verlassen sich auf dich.

Atomuhr

Angeblich ist ein Atom ziemlich klein,
doch denk ich bei mir: Das kann gar nicht sein.
Wie könnte man die Entscheidung sonst fällen,
aus so einem Teil eine Uhr herzustellen.

Und außerdem: Wie sollt es gelingen,
die Uhr auch noch zum Laufen zu bringen.
Denn es hätte für so kleine Dinger
wohl niemand solche kleinen Finger.

Der Schneider

Herein, wenn es kein Schneider ist,
so hört man heut noch sagen.
Doch war ein Schneider sehr gefragt
in den vergang'nen Tagen.

Hatte die Hose mal ein Loch
oder gab's eine Naht zu heilen,
dann konnte man mit dem Problem
zu einem Schneider eilen.

Mein Opa war ein Schneidermeister
und hat es nie bereut.
Konnt er den Leuten weiterhelfen,
hat er sich stets gefreut.

Er kannte sein Handwerk sehr genau,
war immer stolz darauf.
Die Schneiderei sollte weiterleben,
er gab sie niemals auf.

Auch ich bin ein Schneider heute
und fühle mich ganz fit,
doch schneide ich vor allem
Musik und Filme mit.

Drum werd' ich draußenbleiben,
dringt dieser Spruch zu mir,
Es lebt wohl gar ein schlimmer
Gesell hinter der Tür ?

Dioxin

Es fragt der Löwe seine Löwin:
„Hast du gehört vom Dioxin ?
Das soll im Menschen drinnen sein,
der hat 's vom Huhn und auch vom Schwein.

Es wirkt im Körper wie ein Gift
und ich sag gleich, was mich betrifft,
ich kann darauf sehr wohl verzichten,
denn Dioxin brauch ich mitnichten."

Die Löwin schaut den Löwen an,
sehr nachdenklich und sagt ihm dann:
„Wenn wir mal einen Menschen sah 'n,
gehörte er zum Speiseplan.

Doch müssen wir nicht traurig sein.
Mir fallen viele Tiere ein,
die wir problemlos können jagen
und die sehr gut tun unserm Magen.

Wenn das so bleibt, ist für mich klar:
Uns Löwen droht keine Gefahr,
die Dioxin uns geben kann.
An Menschen geh' ich nicht mehr ran."

Greif zur Schaufel

Einst war er groß und stolz und mächtig,
er wirkte farbenfroh und prächtig,
half vielen Menschen und auch dir
als gutes Lebenselexier.

Doch das ist schon sehr lange her,
längst weilt er unter uns nicht mehr.
Du hast ihn selber über Nacht
ganz still und heimlich umgebracht.

Er war dein Freund, bis dich die Trauer
getroffen hat wie kalter Schauer,
und dich der Lebensmut verlor.
Begraben liegt nun dein Humor.

Wir stehen hier vor seinem Grab,
ich schau mit dir zu ihm hinab,
steh hier und rufe ganz laut aus:
hol ihn doch einfach wieder raus !

Im tiefen Loch gedeiht er nicht.
Er braucht die Freiheit, braucht das Licht.
Er wird es auch sehr gut dir danken,
dir helfen, wieder Kraft zu tanken.

Noch seh ich dich bedrückt vor mir.
Ich greif zur Schaufel, helfe dir.
Doch du allein nur kannst ihn wecken
und seine Stärke neu entdecken.

Der undankbare Vierte

Im Sport ist es so wie im Leben,
es kann nur einen Sieger geben.
Doch sind die andern auch sehr gut,
auch ihnen liegt der Sieg im Blut.

Und ist der Abstand wirklich klein,
passt fast ein 2. Sieger rein.
Die Nächstplatzierten auch nicht schlecht,
Applaus käm denen auch ganz recht.

Doch undankbar bei dieser Hatz
ist jedes Mal der vierte Platz.
Der 4. Platz ist unbeliebt,
weil es Medaillen dort nicht gibt.

Die Leistung oftmals überragend,
noch oft den großen Angriff wagend,
hat er sein Bestes auch gegeben,
ging es nur haaresbreit daneben.

Gebt doch dem Vierten eine Chance
und gebt ihm endlich einmal Bronze.
Er würde nicht sein Haupt dann neigen
und seinen Stolz ganz deutlich zeigen.

Das Silber gibt es für den Dritten,
denn der hat, völlig unbestritten,
sich etwas besser präsentiert.
Für ihn lief es fast wie geschmiert.

Der Zweite sollte Gold bekommen.
Ist ihm der Sieg auch fortgeschwommen,
so hatte er ihn doch vor Augen.
Nur wollt' der Schlusssprint nicht ganz taugen.

Der Sieger – in den meisten Fällen -
konnt' noch die beste Leistung stellen.
Zu Recht wird das auch anerkannt
und er bekäme Diamant.

Sehr gut könnt für den Fünften sein,
führte man auch Platin noch ein.

Der ewige Gewinner

Wer möchte nicht Gewinner sein,
von mehreren Millionen.
Mit einem Namen wie Jack Pot,
da würde sich das lohnen.

Jack Pot hat wieder mal gewonnen,
wie so oft in diesem Jahr,
dass er deshalb auch weiterspielt,
das ist mir völlig klar.

Doch sollte er einmal verlieren,
sind die Chancen wieder hoch
dass auch and 're mal gewinnen.
Vielleicht erleben wir das noch.

Durch den Park

Den Spaziergang durch den Park
finde ich so richtig stark.
Denn wir gehen Hand in Hand
bin verliebt wie nie gekannt.

Du bist wirklich attraktiv
und ich hoff, es geht nichts schief.
Möchte dich sehr gern verführen,
habe Angst, dich zu berühren.

Und ich sehe diese Hecken,
könnten uns dort gut verstecken,
niemand sieht uns beiden zu
und wir hätten uns're Ruh.

Ich geb zu, das wär ganz toll,
weiß nicht, was ich sagen soll,
doch ich möchte nicht riskieren,
wegen Hast dich zu verlieren.

Und so gehn wir beide nur
Hand in Hand durch die Natur
frisch verliebt durch diesen Park.
Das allein find ich schon stark.

Das leuchtende Wunder

Ich hab eine Lampe, die leuchtet nicht mehr.
Mich von ihr zu trennen, das fällt mir sehr schwer.
Sie wirkt fast antik - ein sehr schönes Stück.
So etwas zu haben, das grenzt schon an Glück.

Die Steckdose hat dabei auch gar kein Problem
ein andres Gerät arbeitet daran bequem.
Ein Glühlampenwechsel hat nicht das gebracht,
an das ich so voller Hoffnung gedacht.

So hab ich gewechselt für die Lampe den Ort,
sie leuchtete schwach nur, doch sie leuchtete dort.
Ich weiß nicht, warum, aber was jetzt geschah,
ganz plötzlich ein Licht hell strahlend ich sah.

Sie leuchtete jetzt, wie seit Langem nicht mehr,
das zu glauben, fiel dabei selbst mir noch sehr schwer.
Es grenzt vielleicht an Phantasie,
doch der Standort schien wie geschaffen für sie,

Die Lampe, sie lehrt uns wahrscheinlich auch gut:
Wenn uns schnell im Leben verlässt mal der Mut
dass wir über unsere Schwäche nur fluchen,
statt zu ruhen und es später erneut zu versuchen.

Das Recht auf Leben

Auf das Gewissen hören
und Leben nicht zerstören,
egal, worum es geht.
Für manche Tierart ist 's zu spät.

Wir teilen oft sehr gerne ein,
welch Tier könnt nützlich für uns sein
und welches nützt uns wirklich nicht.
Wir urteil'n oft aus eig'ner Sicht.

Wir bilden uns sehr gerne ein
der Richter im Prozess zu sein,
der festlegt, welches Tier ist schlecht
und welches wäre uns sehr recht.

Der Hund zum Beispiel ist der Freund
des Menschen. Damit ist gemeint,
der Mensch kommt oftmals mit ihm klar,
obwohl es manchmal anders war.

Als Haustier einstmals auch dressiert
bringt Nutzen er, wenn er das Herrchen spürt.
Auch mit der Katze gibt es keine
großen Probleme, wie ich meine.

Es ist durchaus die Kuh beliebt,
weil frische Milch sie täglich gibt.
Das Huhn uns täglich Eier legt,
und darum wird es auch gepflegt.

Geht es um wilde Tiere aber,
gibt es die Regel – wie makaber,
man sollte sie nur schützen,
wenn sie uns Menschen nützen.

Wir haben dafür ein Gespür
Was schädlich ist, vernichten wir.
Wir sind die Herrscher dieser Welt
und tun stets das, was uns gefällt.

Wir denken oftmals nicht daran,
welche Folgen haben kann,
wenn wir Leben so zerstören,
als würd die Erde nur uns gehören.

Das Recht auf Leben haben alle
Wesen auf dem Erdenballe.
Denn halten wir uns daran nicht
zerstören wir sein Gleichgewicht

Schwer wie Blei (Senryū)

Augen schwer wie Blei
morgens nach dem Aufstehen
schlaflose Nächte

Hinterhältiger Virus

Noch gestern vollkommen immun,
fragt er sich heut', was kann man tun,
um dieser Krankheit zu entflieh'n.
Es steht zur Zeit nicht gut um ihn.

Ein Virus – hinterhältig – greift,
in sein Gehirn, das häufig pfeift.
Er will den Virus gern bezwingen,
doch will es ihm nicht ganz gelingen.

Er schaut sich um, die Hoffnung schwindet,
weil sich kaum ein Gesunder findet.
Fast jeder ist schon angesteckt,
was ihn ganz fürchterlich erschreckt.

Die Krankheit hat ihn voll im Griff.
Er sehnt sich ständig nach dem Pfiff.
Die Krankheit, die fast jeder kennt,
und die man Fußballfieber nennt.

Zweiverstanden

Du möchtest wissen, ob ich einverstanden bin ?
Ich frage mich, wo liegt dabei der Sinn ?
Denn für uns beide ist doch völlig klar,
dass dieses Angebot das Beste heute war.

Das Angebot sucht weltweit seinesgleichen,
drum lass ich es nicht einfach so verstreichen.
Ich greif es auf, denn ich weiß wirklich ganz genau,
es kommt von dir, von einer wirklich tollen Frau.

So hat es selbstverständlich seinen Sinn
dass ich jetzt zweiverstanden bin,
denn ist die Zeit und auch das Geld vorhanden,
dann bin ich wirklich mehr als einverstanden.

Ich kann auf jeden Fall verstehen,
dass wir heut auswärts essen gehen.
Du freust dich darauf schon seit ein paar Wochen.
Und heute wolltest du mal selbst nicht kochen.

Endlich 50

Ab heute bist du 50 Jahr
und kommst vielleicht damit auch klar.
Von außen sieht man wenig Falten.
Du hast dich also gut gehalten.

Doch werd ich heute dich mal fragen:
Kannst du das Leben noch ertragen ?
Wie geht es Rücken, Knien, Gelenken ?
Lassen die noch an Jugend denken ?

Bist du im Kopf noch geistig rege
oder wird Denken langsam träge ?
Beginnen Sünden sich zu rächen
und spürst du jetzt auch schon Gebrechen ?

Nein, lass dir nur nicht bange machen.
Es gibt genügend Grund zum Lachen
und Lachen, weißt du, hält gesund.
Zur Trauer gibt es keinen Grund.

Du hast jetzt 50 Jahr geschafft,
bist voller Mut und voller Kraft
und mit Humor schaffst du sogar
ganz sicher wieder 50 Jahr.

Zauber der Phantasie

Ich bin ein guter alter Mann,
die Weisheit sieht man mir schon an.
Sehr vieles habe ich erlebt,
hab nicht auf Wolken nur geschwebt.

Und trotzdem habe ich gesehen,
auch Wunder können noch geschehen.
Selbst Trauer kenterte am Wind
des Lachens von so manchem Kind.

Hab selbst im Zaubern mich geübt,
wenn mancher Mensch war stark betrübt.
Letztendlich konnte ich mich freun,
wenn sich ein Lächeln stellte ein.

Aus Märchen schöpfte ich die Kraft,
die Hoffnung gibt und Großes schafft,
wenn Gutes über Böses siegt
und Angst sehr schnell von Dannen fliegt.

Ich will es wirklich allen sagen:
Man muss sein Schicksal nicht ertragen.
Blüht auf mit eurer Phantasie
und eure Kraft verlässt euch nie.

Ich greif zu meinem Zauberstab,
geb euch von meinem Zauber ab
den Mut, die Hoffnung und vor allem,
den klaren Blick, um nicht zu fallen.

Doch wenn ihr fallt, steht wieder auf
und lasst der Phantasie den Lauf.
Greift, wenn ihr wollt auch zu den Sternen,
lasst euch die Märchen nicht entfernen.

Die Taube

Ich näherte mich meiner Laube
und sah am Boden eine Taube.
Ich schlich von hinten mich heran,
damit sie mich nicht sehen kann.

Doch plötzlich drehte sie sich um,
ich wusste nicht so recht, warum.
Ich konnte das nicht ganz verstehen,
konnte sie auch hinten sehen ?

Kein Rückspiegel war da zu sehen,
an dem die Taube könnte drehen.
Sie floh vor mir, begann zu rennen.
Ob Tauben doch wohl hören können ?

Schmetterlinge

Es gibt Schmetterlinge, die sind riesig groß
und daher geeignet auch für die Jagd.
Natürlich jagt man diese bloß,
wenn man am Hungertuche nagt.

Doch werden sie mit viel Finesse
und mit Gewürzen zubereitet,
sind sie oft eine Delikatesse.
Als Schmetterlingssteak sind sie verbreitet.

Der unheilbare Patient

Ich fühle mich krank, so richtig schlapp
und auch das Geld wird häufig knapp.
Zu spüren ist es immer mehr,
ich renn dem Geld oft hinterher.

Quält mich auch häufig das Gewissen,
so möchte ich das Geld nicht missen.
Ich bin kaum heilbar, doch versteht,
ich hoff', dass es noch lange geht.

Zuwenig Ärzte, wenig Zeit,
dass man von Krankheit mich befreit.
Ich hetze ständig im Akkord
und schnell sind auch Erfolge fort.

Doch wenn ich mich dagegen wehre,
dann bleibt ein Loch, die große Leere.
Ich kann nur hetzen, ohne Sinn,
damit ich wieder flüssig bin.

Vor allem die Operationen,
die sollten sich bei mir doch lohnen.
Es muss rentabel sein und gut,
egal, wer was auch immer tut.

So leb ich täglich neu im Streit,
weil eins nur gilt: Wirtschaftlichkeit.
Mir ist das selbst nicht angenehm,
denn ich bin das Gesundheitssystem.

Fahrt des Schreckens

Wir steuern gerad über den Ozean
In einem sehr schönen und stattlichem Kahn.
Nein, Titanic heißt diese Schiff nicht,
schon weil dieser Name nichts Gutes verspricht.

Doch sollte der Käpt'n nicht ganz so viel trinken,
sonst werden wir trotzdem vielleicht sehr schnell sinken.
Der Bootsmann ist zwar zur Zeit noch ganz nüchtern,
doch für seine Aufgabe ist er zu schüchtern.

Da bliebe nur noch der Steuermann,
der wirklich auch vieles vertragen kann.
Das Dumme ist an der Sache jetzt nur:
Er sieht vor sich schon eine doppelte Spur.

Hätt' ich das gewusst, wär ich nie mitgefahren,
ich könnte mich kraulen vor Wut in den Haaren.
Vielleicht geht es gut und ich komm heil an Land,
doch Zweifel rauben mir fast den Verstand.

Die Mannschaft betrunken, ich seh jetzt das Riff
und keine Rettung in Sicht für das Schiff.
Ich greife das Steuer, um auszuweichen,
mein Ziel aber kann ich trotzdem nicht erreichen.

Als Abstinenzler ist mir nicht ganz wohl,
mein Tod wird verursacht durch Alkohol.
Die Nixen, sie jubeln und liegen auf Lauer,
für sie gibt es gar keinen Grund für 'ne Trauer.

Sie warten voll Sehnsucht schon auf frisches Blut,
ich bin am Ertrinken und koche vor Wut.
Der Schweiß läuft feucht mir über die Stirn,
Gedanken jagen jetzt wild durch mein Hirn.

Aber was ich jetzt niemals erwartet hätt',
ich finde mich wieder im eigenen Bett,
reib mir meine Augen, die Wohnung ist echt.
Das letzte der Biere war gestern wohl schlecht.

Kein Talent

Es gibt wirklich Leute, die glauben daran,
dass ich Gedichte schreiben kann.
Doch sage ich es heut und hier:
Kein 's der Gedichte ist von mir.

Ich hab 'ne kleine Frau im Ohr,
die flüstert mir die Worte vor,
die ich dann nur noch schreiben brauch'
und meistens tue ich 's dann auch.

Und wenn die Muse spricht mit mir,
und ich mein Blatt Papier beschmier,
nehm ich mir vor, nicht zuzugeben:
Die Zeilen schrieb die Muse eben.

Ich habe wirklich kein Talent,
was man vor allem dann erkennt,
wenn mich die Muse lässt in Ruh.
Dann kommt kein neuer Vers hinzu.

Das liebste Kind

Im allergrößten Stadtgewühl
gibt es ein schönes Farbenspiel.
Die Farben wechseln sich oft ab,
es scheint, sie wechseln nicht zu knapp.

Das Farbenspiel bringt oft Verdruss,
wenn man auf Grün lang warten muss.
Mitunter hat man das Empfinden,
das rote Licht will nicht verschwinden.

So manchen interessiert das Licht
mit seinen Farben wirklich nicht.
Ob rot, ob grün – was macht das schon.
Die Farben sind der blanke Hohn.

Man radelt oder läuft gern los,
wozu gibt es die Farben bloß ?
Doch Autos bleiben sehr oft stehen,
ist rotes Licht von vorn zu sehen.

Wenn grünes Licht sich wieder zeigt
und auch das Tempo wieder steigt,
lauert nicht weit, so voller Hohn
die nächste rote Ampel schon.

Kurz fahren, um dann neu zu stehn,
das macht das Autofahren schön.
Es gibt keinen Zweifel, die Ampeln sind
des Autofahrers liebstes Kind.

Ein Missverständnis ?

Ich habe wieder sie gesehn,
sie war allein und wunderschön.
Mein Herz fing wieder an zu pochen.
Hab sie bisher nie angesprochen.

Sah zu ihr hin und wünschte mir,
ich ginge einfach neben ihr
und wär es nur ein kurzes Stück,
das wär für mich das größte Glück.

Sie schritt sanft durch das Häusermeer,
Ich stiefelte ihr hinterher.
An einer Ecke blieb sie stehen.
So konnt ich näher zu ihr gehen.

Sie war mir jetzt so nah wie nie.
Ich fasste Mut und fragte sie
und meine Stimme schien zu singen:
"Darf ich Sie um die Ecke bringen ?"

Sie schaute mich schnell an lief.
Ich glaub, da ging wohl etwas schief.

Traumhaftes Urlaubswetter

Ich sprach heut mit dem Herrn der Welt
und habe gutes Wetter bestellt.
Ich sagte, da ich jetzt Urlaub habe,
erwarte ich die schlichte Gabe.

Zunächst brauch ich erst einmal Sonne,
die ich genieße voller Wonne,
nach Möglichkeit auch sehr viel Wärme,
damit nicht frier' n meine Gedärme.

Der Herr sprach: „Alles kein Problem,
das liefern wir dir ganz bequem.
Bezahlst du bar oder mit Scheck ?"
Da blieb mir glatt die Spucke weg.

Der Herr sprach: „So ist diese Welt,
auch wir benötigen jetzt Geld."
Ich sagte: „Ja – ich gönn es mir
und ich bezahl sogar dafür."

Der Herr bekam mich wirklich weich,
und so bezahlte ich auch gleich
die erste Rate für das Sehnen
nach einem Wetter, einem schönen.

Ich wache auf, es gießt in Strömen,
die Frage lass ich mir nicht nehmen,
wie so was denn passieren kann.
Vielleicht kam ja mein Geld nicht an.

Ich denk kurz nach, woran das liegt,
dass schlechtes Wetter hat gesiegt.
Doch halt ich meinen Zorn im Zaum,
es war ja schließlich nur ein Traum.

Gerettet

Verängstigt sitzt da in die Ecke gedrängt
eine kleine weiße Maus da und denkt
voll Entsetzen an die Berührung der Tatze
von der vor ihr stehend gefräßigen Katze.

Sie wendet den Blick von der Katze jetzt ab
und sieht sich schon fast im Mäusegrab,
es scheint so, was sollte man and'res auch sagen,
als hätte ihr letztes Stündlein geschlagen.

Doch plötzlich kommt von irgendwoher
ein Geräusch, was da klingt sehr kräftig und schwer.
Ein Hundebellen dringt tief in das Ohr
jener Katze, die jetzt die Kontrolle verlor.

Vergessen war plötzlich der Schlag voller Wucht,
die Katze ergreift voller Panik die Flucht
Und letztendlich jubelt erleichtert die Maus.
Ihr Fremdsprachentraining zahlte sich gerade aus.

Virtuelles Geld

Finanzfortschritt auf dieser Welt
geht nur mit virtuellem Geld.
Das sagen jedenfalls die Banken
und ich will nicht mit ihnen zanken.

Es ist ja schließlich auch bequem,
wenn ich beim Kauf die Karte nehm'.
Ich muss mich dann nicht damit quälen,
mein Geld genauestens abzuzählen.

Doch wird oft auch mehr ausgegeben
als das, was man so braucht im Leben.
Wenn man nur Zahlen sieht – egal.
Die Kosten spühr'n wir nicht einmal.

Ich spiel nicht mit beim Geldverlieren,
ich möchte es riechen, möcht es spüren,
wenn es so durch die Finger rinnt,
viel schneller, als man es gewinnt.

Für Banken ist es auch ein Ziel,
die Kunden für das schöne Spiel
des Online-Banking zu gewinnen,
statt sich auf Bargeld zu besinnen.

Das virtuelle Geld soll siegen.
Man hofft, das Bargeld kleinzukriegen,
doch ich mach Online-Banking dann,
wenn ich die Scheine drucken kann.

Liebeszauber

Fast so wie auf Wolken schweben,
jede Regung neu erleben,
wenn ich in deine Arme sinke
und von deiner Liebe trinke.

Mit jedem Blick und jedem Wort
bläst du die Alltagssorgen fort.
Ich kann es zwar nicht ganz erfassen,
doch hier kann ich mich fallenlassen.

Selbst wenn ich mal am Boden bin,
gibst du dem Leben einen Sinn.
Bei dir, da fühle ich die Kraft,
mit der man auch das Schwerste schafft.

Ich hoff – es klingt für dich nicht hohl,
doch hier bei dir fühl' ich mich wohl.
Das Wichtigste bist du für mich.
Du spürst es auch – Ich liebe dich.

Multitasking

Man sollte doch in heut'ger Zeit
zu Multitasking sein bereit,
schon deshalb, weil es sehr viel bringt,
dass parallel uns viel gelingt.

Wenn wir jetzt das Prinzip verstehen,
dann werden wir Erfolg auch sehen,
von den Computern lernen wir:
Man braucht sehr wenig Zeit dafür.

Nur einfach kurz mal umzudenken,
Gehirnmäßig mal umzuschwenken
von einer Aufgabe zur Andern.
Gedanken können sehr schnell wandern.

Wo kommen nur die Fehler her,
ist umzudenken denn so schwer ?
Das können doch auch die Maschinen,
die wir als Menschen noch bedienen.

Ist Multitasking auch gefragt
hat es beim Menschen oft versagt,
weil selbst der größte Optimist
wahrlich kein Computer ist.

Kein Katzenwetter

Das Wetter ist sehr nass und kalt,
ich frier' und denk, ich steh im Wald,
bin froh, als ich zu Hause bin,
für meine Psyche ein Gewinn.

Der Regen prasselt lautstark nieder.
Ich hör es und ich spüre wieder,
wie Heizungswärme mich erreicht
und Kälte aus dem Körper weicht.

Du meinst: So geht es auch den Tieren,
sie würden bei der Kälte frieren.
Die Katze unten hat zwar Fell,
doch friert sie trotzdem ziemlich schnell.

Sie soll die Hoffnung nicht verlieren,
bei uns der Heizung Wärme spüren,
soll wissen, dass ihr jederzeit
die warme Wohnung steht bereit.

Ein Wetter, wie ich es nicht mag,
es regnet schon den ganzen Tag,
ist nass und kalt und wirklich nur
ein Racheakt von der Natur.

Die arme Katze soll nicht frieren,
soll nicht den Lebensmut verlieren.
Du sagst, ich solle das verstehen.

Doch ich soll einkaufen jetzt gehen.

Nur ein Schuss

Ich brauche vor allem jetzt eine Pistole,
ich weiß nur noch nicht, woher ich sie hole.
Sie sollte vor allem sehr treffsicher sein,
sonst passt sie in meine Pläne nicht rein.

Für mich ist das Schießen nicht wirklich Genuss,
doch brauche ich nur einen einzigen Schuss.
Ihr braucht auch nicht gleich in Deckung zu gehen.
Dass ihr Angst vor mir habt, kann ich nicht verstehen.

Ich schieße doch nicht auf meine Bekannten,
auf die Freunde, Familie und auf die Verwandten.
Ich schieße nur einmal, leg die Waffe dann weg,
sobald sie erfüllt hat den einzigen Zweck.

Ich brenne darauf, einen Schuss abzugeben.
Nein, nach der Weltherrschaft will ich nicht streben.
Will niemandem auch ein Leid nur antun,
doch kann ich nicht schießen, kann ich auch nicht ruh 'n.

Ihr fragt mich vielleicht, worauf will ich denn schießen.
Ich möchte den Schuss doch nur ehrlich genießen.
Hab hier ein Kochbuch und könnte fast schrei 'n,
da muss ins Gericht ein Schuss Weißwein noch rein.

Mutterliebe

Sie hat den Teilzeitjob wohl deshalb angenommen,
weil sie kaum eine andre Lösung sah.
Den Vollzeitjob, den hat sie nicht bekommen,
für den war 'n schon sehr viele and 're da.

Und nach dem Job, den halbtags sie verbuchte,
ließ sie auch weiteres danach nicht aus.
Die Bowlingbahn, die mancher gern besuchte,
die brachte ihr erneut auch Geld ins Haus.

Sie ist dadurch gewiss nicht reich geworden,
hat viel geschuftet auch rund um die Uhr.
Verdient hätt' sie dafür so manchen Orden,
doch blieb ihr fast das blanke Leben nur.

Sie dachte wohl vor allem an ihr Kind.
Es sollte nie in einer Gosse enden.
So hart, wie die Gedanken dazu sind,
sie wollte keine Zeit daran verschwenden.

Der Vater war sehr früh schon fortgezogen.
Sie war bestimmt auch ziemlich oft verzagt,
doch wich sie nicht vor übergroßen Wogen
und hat erneut sich in den Kampf gewagt.

Ihr Kind – ihr ganzer Stolz hat nichts vermisst.
Es ist – man kann's nicht anders sagen,
die Liebe, die für sie so typisch ist.
Sie gibt ihr Kraft, das alles zu ertragen.

Keine Zeit

Mein Leben läuft planmäßig stets nach der Uhr.
Vom blanken Genießen fehlt fast jede Spur.
Die Pünktlichkeit spielt hier die erste Geige,
womit ich auch meine Verantwortung zeige.

Der Wecker ruft morgens mich aus meinem Bette,
weil ich ohne ihn auch verschlafen wohl hätte.
Dann hetz' ich zur Arbeit, auch das muss noch sein,
sonst kommt in die Kasse kein Geld mehr hinein.

Komm ich nach der Arbeit am Abend nach Haus,
fühl' ich mich kaputt, die Luft ist jetzt raus.
Es wird noch gegessen, dann geht es ins Bett,
dort fall ich hinein, fast so steif wie ein Brett.

Doch auch an den freien Wochenenden
kann ich keine Zeit mehr für mich selbst verwenden.
Ich habe Termine, hab vieles zu tun
und komm nicht dazu, mich mal auszuruhn.

So geht das schon seit einigen Jahren.
Warum kann man Zeit nicht so einfach ansparen ?
Ich muss das Gedicht jetzt leider beenden
und kann keine Zeit mehr dafür verschwenden.

Die Fliege

Ich sehe Wolken, Licht und Sonne,
das auch zu spüren, wär 'ne Wonne.
Doch ich bin hier in einem Haus
und frage mich, wie komm ich raus.

Bin auf das Licht gerad zugeflogen,
doch fühle ich mich arg belogen,
ich flog wie gegen eine Wand,
obwohl kein Hindernis ich fand.

Fast wie Magie, wie Zauberei,
man hört nicht meinen Hilfeschrei.
Ich fliege wieder hin zum Licht,
doch ein Entrinnen gibt es nicht.

Kein Hindernis, was ich jetzt spür,
nichts Dunkles und auch keine Tür,
und trotzdem bin ich abgeprallt.
Ich glaube fast, ich steh im Wald.

Und plötzlich seh ich eine Hand
von einem Menschen, unbekannt.
Sie kommt direkt jetzt auf mich zu,
hab Angst und weiß kaum, was ich tu.

Die Hand, sie zieht an mir vorbei,
als ob da nichts gewesen sei.
Ein Schnappgeräusch, ein frischer Wind,
ein Luftzug, den ich Klasse find.

Es sieht auch wirklich danach aus,
als käme ich nun endlich raus,
flieg diesem Luftzug auch entgegen,
empfinde ihn als großen Segen.

Hetzjagd

Wir hetzen oftmals durch das Leben,
als wär es eine Autobahn,
wo man von einem Standort eben,
ein Ziel sehr schnell erreichen kann.

Doch sollten wir auch eine Pause
mal in das Auge fassen
und unterwegs oder zu Hause
auch mal die Seele baumeln lassen.

Denn Herzinfarkt ist oft der Lohn
für übertriebne Hetzerei,
und viel zu schnell ist dann auch schon
ein wertvolles Leben zu früh vorbei.

Landschaftsmalerei

Als Landschaftsmaler gilt ein Mann,
der eine Landschaft malen kann
mit leichtem Pinsel und mit Schwung,
vor allem mit Begeisterung.

Doch nimmt er einen Pinsel her,
der groß und breit und mächtig schwer
und streicht damit die Straßen ein,
muss wohl ein Land-Streicher er sein

Ein wichtiger Mensch

Ich bin sehr wichtig in der Welt,
bin wirklich zwar kein großer Held,
gehöre auch nicht zu den Großen,
die sich an dir gesund nur stoßen.

Ich hab kein Geld und auch kein Gut,
doch gebe ich dir Kraft und Mut,
bring dir Humor schon früh am Morgen,
vertreib die Angst dir und die Sorgen.

Du kannst in keiner Zeitung lesen,
was ich getan, wie ich gewesen,
ich lege darauf keinen Wert,
weil mich dein Lebensmut schon ehrt.

Ich bin nicht gut, bin auch nicht schlecht,
erreich' nicht immer, was ich möcht',
doch send ich einen Lichterschein
dir täglich in dein Herz hinein.

Gern ich die Hoffnung zu dir trag,
ich gebe Mut dir Tag für Tag
und bringe oft dich auch zum Lachen,
um Lebensfreude zu entfachen.

Ich bin kein Held, das ist wohl wahr,
bin ein normaler Mensch – na, klar,
doch kommt mir trotzdem in den Sinn,
dass ich für dich so wichtig bin.

Der Sparer

Ich bin nicht geizig, doch ich spare
mir sehr viel Geld für spät're Jahre.
Denn werd ich einmal Rentner sein,
dann kommt auch wenig Geld noch rein.

Veranstaltungen sind mir zu teuer,
ich geh auch nie zu einer Feier.
Das alles kostet doch nur Geld,
das mir am Ende dann noch fehlt.

Beim Essen spart man auch ganz gut,
wenn man aufs Brot nur Butter tut.
Ich kann die Leute nicht verstehen,
die auch mal auswärts essen gehen.

Getränke brauch ich mir nicht kaufen,
ich lass den Wasserhahn kurz laufen
und trinke aus dem Glas dann froh
das frische, kühle H-2-O.

Abends sitze ich im Dunkeln
und wenn sogar die Sterne funkeln,
dann hab ich auch noch gratis Licht,
ansonsten brauche ich das nicht.

Die Freundin ist mir fortgelaufen,
sie konnt sich nicht zusammenraufen
zur Sparsamkeit mit beizutragen,
so muss ich das alleine wagen.

So sparsam leb ich schon seit Tagen,
ich werde das mit Fassung tragen,
denn sparen tut die ganze Welt
und später brauch ich sehr viel Geld.

Stressbewältigung

Den ganzen Tag nur im Büro,
Viel Arbeit hast du sowieso,
dann ist der Kopf schnell überladen.
Das kann dem Denkvermögen schaden.

Bewegung hast du dabei kaum,
du sitzt nur ständig in dem Raum
und läufst nur selten mal herum.
Der Rücken wird so langsam krum.

Beginnt die Feierabendzeit
fühlst du dich von dem Krampf befreit.
Doch ist der Kopf noch immer schwer,
Gedanken schwirren wild umher.

Und soll die Psyche wieder stimmen,
dann geh doch abends einfach schwimmen.
Der Kopf wird dabei wieder frei.
Du fühst dich hinterher wie neu.

Im Anschluss daran gibt es Fisch,
der kommt ganz lecker auf den Tisch,
besprenkelt mit Zitronensaft
gibt er dir neue Schaffenskraft.

Schmerzhafte Stiche

Ein Wespenstich ist nicht sehr gut
und bringt uns auch sehr schnell in Wut.
Mach Stich ist wirklich harmlos nicht.
Egal, wohin die Wespe sticht.

Die Wespe gilt als Angriffstoll
und in uns regt sich auch ein Groll,
wenn sie vom Essen holen will,
was wir genießen wollen still.

Hornissenstiche sind gefährlich,
doch sind wir mal ein wenig ehrlich:
So angriffslustig sind sie nie,
wie so ein garstig Wespenvieh.

Auch Bienen können schmerzhaft stechen,
zum Beispiel, um sich dran zu rächen,
wenn ihnen Honig weggeklaut.
Sie werden ärgerlich und laut.

Doch Imker kennen sich gut aus
und holen Schutzmontur heraus.
Ein Stich der Biene wär prikär,
schon weil er nicht gerad schmerzfrei wär.

Doch gibt es Fans, die sagen sich:
Warum denn nicht auch mal ein Stich,
der bei der Biene wird entdeckt
als Bienenstich den Fans dann schmeckt.

Doch dieser Stich schlägt auf den Magen
bei Menschen, die ihn nicht vertragen.
Er schlägt auch oft gern aufs Gewicht
und mancher Mensch verträgt das nicht.

Der Taubenjäger

Du fragst, warum ich Tauben jage
am Abend, manchmal auch am Tage.
Was sollte ich denn sonst wohl treiben ?
Ich könnt' ja auch zu Hause bleiben.

Doch bin zu Hause ich allein,
dann kehrt oft Langeweile ein.
Drum bin ich hier im Park zu finden
auf meiner Bank unter den Linden.

Die Bank im Park gehört schon mir,
in meiner Hand halt' ich mein Bier.
Die Menschen sind mir jetzt egal,
sie stör 'n mich nicht – das war einmal.

Die Tauben sind mein Zeitvertreib,
der Grund, warum ich gern hier bleib.
Ich habe jedenfalls entdeckt:
Die haben vor mir noch Respekt.

Vorurteile

Er wirkt fast wie ein alter Mann,
der kaum noch richtig denken kann,
der Eindruck aber straft uns Lügen,
lass dich von ihm nur nicht betrügen.

Zwar kommen manchmal die Gedanken
bei diesem Manne stark ins Schwanken,
doch zeigen sie – noch unsortiert,
das Großes im Gehirn passiert.

Man kann von außen es nicht sehen,
doch steckt der Kopf voller Ideen.
Er bringt Projekte noch zum Starten,
die fremde Menschen nicht erwarten.

Ein Vorurteil ist schnell gefällt,
was sich kaum an die Wahrheit hält.
Wir glauben oft, das, was wir sehen,
ohne den Inhalt zu verstehen.

So kommt es, dass auch dieser Mann
uns völlig überrumpeln kann.
Er wird uns sicher zeigen können,
wie wir in Fehler uns verrennen.

Ich frage mich, wie kann geschehen,
dass wir so vieles nicht klar sehen.
Das Denken wirkt wohl wie kastriert,
wird es vom Vorurteil blockiert.

Schmuddelwetter

Schmuddelwetter – Wochenend,
endlich wird mal ausgepennt,
doch was macht man mit dem Tag,
an dem man nicht ins Freie mag.

Ein Tag, um einfach auszuruhn
oder was sinnvolles zu tun ?
Vielleicht vor'm Fernseher nur hocken ?
Zumindest sitzt man hier schön trocken.

Man könnte solche Tage nutzen,
um Fenster endlich mal zu putzen.
Doch eigentlich hat's keinen Zweck.
Ich wische den Gedanken weg.

Es gibt ja wirklich ein paar Sachen,
die kann ich in der Wohnung machen,
danach mal in die Therme fahren.
Das wollte ich doch schon seit Jahren.

Ideen rollen plötzlich viele,
es warten auch Gesellschaftsspiele
oder man liest auch mal Gedichte.
Der Schmuddeltag wird schnell Geschichte.

Der Alkoholgegner

Ich bin gegen Alkohol,das ist doch ganz klar,
doch frage mich nicht, wie es vorher mal war.
Für mich steht es fest, ich lasse es sein.
Mich reizt weder Bier, noch Likör oder Wein.

Wie können die Leute denn so was nur trinken ?
Ich hab das Gefühl fast, als würd' das Zeug stinken.
Mir würde das überhaupt gar nicht schmecken.
Man sollte es tief in der Erde verstecken.

Dass Alkohol schadet, das ist ja bekannt,
er blockiert deine Sinne und raubt den Verstand,
doch gibt 's diese Drogen noch immer zu kaufen,
es scheint fast egal, dass sich Menschen besaufen.

Ich aber habe mich abgewandt,
denn schließlich habe ich erkannt,
der Alkohol würde mein Leben zerstören
und ich würde nicht mehr mir selber gehören.

Ich sage es offen, es ist leider wahr,
dass Bier für mich etwas Gutes mal war.
Heut seh ich das anders und sage ganz schnell,
ich will heute weder Pilsner, noch Hell.

Ich fühl mich zur Zeit nicht gerade mobil.
Ich lieg hier im Bett und schwitze sehr viel.
Mir spielte das Wetter hier einen Streich,
und an Gesundheit bin ich nicht gerad reich.

Doch wird die Erkältung sich nicht lange halten
und ich kann danach wieder voll mich entfalten.
Ich sage es ehrlich und heute und hier:
Ich freu mich dann wieder auch auf ein Glas Bier.

Sinneswandel

Er war ein Dieb, er war sehr jung.
Das Stehlen hielt ihn gut in Schwung.
Sobald er zugriff, war er weg.
Ihn zu verfolgen, wenig Zweck.

Doch hat er sich jetzt vorgenommen,
der Sucht zum Stehlen zu entkommen.
Die Kasse leer, was macht das schon,
er wartet auf des Gottes Lohn.

Hat sich der Bibel jetzt verschrieben,
ist ihr aus Liebe treu geblieben
und betet Gott im Himmel an,
damit er ihn erlösen kann.

Fällt ihm das Ehrlichsein auch schwer,
so gibt es kein Zurück jetzt mehr.
Der Weg zum Stehlen fast verbaut.
Nur Bibeln hat er noch geklaut.

Treppengedanken

Es ist nicht immer angenehm,
was uns mitunter scheint bequem.
So kann das blanke Fahrstuhl fahren
uns manchen Nachteil offenbaren.

Am Anfang steht man oft wie dumm
vorm Fahrstuhlaufzug wartend rum.
Man steht dort selten nur allein,
auch andre Menschen wollen rein.

Drin steht man auf sehr engem Raum,
bewegen kann man sich da kaum.
Und ist der Lift besonders voll,
weiß man nicht, wie man stehen soll.

Auch hat schon mancher Lift gehangen,
und wer grad drin war, war gefangen,
in dieser Falle wie die Maus
und wusste nicht, wann kommt er raus.

Hingegen kann das Treppensteigen
uns schon so manchen Vorteil zeigen.
Man kann bis vor die Wohnungstüren
die Treppenaufstiegsfreiheit spüren.

Ausdauer und Beweglichkeit
bekommt der Körper mit der Zeit.
Das Treppensteigen ist ein Renner
als idealer Fettverbrenner.

Zukunft und Vergangenheit

Zukunft und Vergangenheit,
Forscher sind sehr gern bereit,
uns die Dinge zu erklären,
ohne, dass sie uns belehren.

Ich hoff, das Wissen wird uns nützen,
die Menschheit dauerhaft zu schützen.
Der Mensch ist oft noch arrogant,
hat manche Fehler nicht erkannt.

Letztendlich bleibt uns nicht viel Zeit,
wär schön, wir wären schon bereit,
aus unsern Fehlern schnell zu lernen,
vom Untergang uns zu entfernen.

Manch Spezialist hat uns gewarnt,
des Menschen Herrschsucht auch enttarnt
und uns gezeigt, dass wir ganz klein
in das System uns fügen ein.

Wir könnten diese Erde retten,
wenn endlich wir die Einsicht hätten,
dass wir bei allem, was wir tun
den Egoismus lassen ruhn.

Gewissensbisse

Ich kam gerad als Arzt hier im Krankenhaus an
und will endlich zeigen, was ich so kann.
Nach der sehr langen Studienzeit
bin ich zum Einsatz sehr gern bereit.

Mein Chef hat mich wirklich auch freundlich empfangen,
doch steh ich jetzt hier und bin voller Bangen,
vor mir liegt ein seltsamer, neuer Vertrag,
den ich nicht wirklich unterschreiben mag.

Ich habe den Hippokrates geschworen
und fühle mich jetzt total verloren,
soll ab sofort die Patienten belügen,
der Umsatz soll letztendlich siegen.

Hab hier die Preisliste vor mir,
rauf mir die Haare und ich stier
auf diese Zahlen, die dort stehen,
kann keinen Ausweg dabei sehen.

Als Arzt soll ich nun Umsatz bringen,
so richtig will das nicht gelingen,
Für mich sind wichtig die Patienten.
Ob die mir noch vertrauen könnten ?

Mir fällt es schwer, zu sagen: „Nein !"
Was zählt, ist ja der Euroschein,
doch ringe ich mit dem Gewissen.
Ich fühle mich total zerrissen.

Das Leben als Labormaus

Ich wuchs hier auf in einem Labor
und habe nichts gekannt zuvor.
Ich bin mit Mäusen hier zu Haus,
bei denen sieht es ähnlich aus.

Man nutzt uns täglich für Versuche,
die jedes Mal ich neu verfluche.
So mancher Freund kam nicht zurück,
ich selber hatte stets noch Glück.

Doch frag ich mich: Wird das so bleiben,
weil Menschen gerne übertreiben ?
Dort gerade seh ich eine Maus,
die nimmt ein junger Bursche raus.

Er trägt sie in das Giftlabor
und ich komm' mir so hilflos vor.
Kann helfen nicht, bin selbst bald dran,
weiß nicht, wie lang ich leben kann.

Kann denn der Mensch nicht selber denken ?
Muss er denn auf Versuche schwenken,
vor allem, wenn schon abzusehen,
dass wir dabei zugrunde gehen ?

Ich kann das wirklich nicht begrüßen,
warum nur müssen wir es büßen ?
Wir dürfen leider nicht selber entscheiden,
dass wir bestimmte Gifte meiden.

Die Skatrunde

Drei Vögel hinten beim Salat
die wollten gerne spielen Skat.
Sie brauchten auch nicht lang zu warten,
dann hatten sie die bunten Karten.

Ein Hahn sprach zu der Henne schnell,
betrachte mal dein Blatt reell,
hast du so 1, 2, 3, 4 Jungen,
so ist dein Spiel schon fast gelungen.

Die Henne konnt es nicht verstehn:
Kein Junge war im Blatt zu sehn.
Sie wollte aber lieber schweigen,
statt ihren Unmut gleich zu zeigen.

Und wollte absolut nicht passen
mit ihren wirklich guten Assen.
Man sagte ihr, sie müsse reizen
und dabei ihr Gefieder spreizen.

So wollte sie ganz ungezwungen
den Ton angeben – ohne Jungen.
Sie hat ein gutes Spiel gespielt
und hat klar auf den Sieg gezielt.

Als endlich war das Spiel vorbei
bekam das Huhn ein schönes Ei
als Preis für ihren klaren Sieg.
Sie setzte sich auf 's Ei und schwieg.

Dann brütete das Ei sie aus
und wieder kam kein Junge raus,
drum war für sie auch völlig klar,
dass wieder Siegerin sie war.

Keine Aufregung

Die Nachrichten sind gut für die Quoten,
doch ich find sie nicht ganz so fein,
denn Aufregung hat mir der Arzt verboten,
drum lasse ich es besser sein.

Mein Blutdruck scheint zu stark zu steigen.
Die Welt, sie spielt total verrückt.
Wenn sie die Kriegesopfer zeigen,
dann bin ich wirklich sehr bedrückt.

Die Katastrophen ohne Ende
kann ich kaum schadlos überstehen.
Eh ich den Hilferuf entsende
ist dieses Unglück schon geschehen.

Ich fühl mich hilflos, muss doch passen.
Gefühle lassen mich nicht ruhn.
Muss Mördern ihre Opfer lassen
und kann dagegen doch nichts tun.

Hätt ich auch einen Wunsch nur frei,
würd jedes Unrecht ich bestrafen.
Dann wäre dieser Spuk vorbei
und ich könnt endlich ruhig schlafen.

Doch da ich völlig hilflos bin
und ich nur gegen Wände lauf,
macht nur EIN Vorschlag einen Sinn:
Denk an dein Herz – reg dich nicht auf.

Ein Blick in die Vergangenheit

Manchmal wäre es sehr schön
könnt zurück die Zeit man drehn.
Man würde Weichen anders stellen
und manch Entscheidung anders fällen.

Zum Beispiel jene erste Liebe
von der man hoffte, dass sie bliebe.
Verschwunden plötzlich war sofort
sie nach einem falschen Wort.

Wenn ich's mir richtig überlege,
man ging auf manchem falschen Wege,
weil er recht einfach uns vorkam
und man die Hürden leichter nahm,

statt jene Wege auszuwählen,
bei denen man sich hart musst quälen.
Heut ernten wir, was wir gesät
für größ're Ernte ist's zu spät.

Heut denken wir so oft zurück
an das so oft verschenkte Glück,
das wir nur aus Bequemlichkeit
verloren haben wie die Zeit,

die nicht zurück zu holen ist.
Verstrichen ist längst diese Frist,
als wir uns aus der Kindheit quälten
und den Berufsweg uns erwählten.

Doch sei auch daran mal gedacht:
Nicht alles hat man falsch gemacht.
Es hat auch oft in unserm Leben
so manch erreichtes Ziel gegeben.

Die Zeit – wir drehn sie nicht zurück,
riskiern wir also einen Blick
auch einmal in die Gegenwart
in der wir auf sehr schneller Fahrt

der Zukunft nun entgegen streben
und Lehren ziehn aus unserm Leben.
Denn war auch vieles gut und richtig,
oftmals da irrten wir uns tüchtig.

Die Ernte von heute, die kennen wir schon,
doch bei der von morgen entsteht unser Lohn
aus dem, was wir heute säen werden.
Es wachsen Erfolg oder Beschwerden.

Riesen und Zwerge

Gestern ein Zwerg noch und heute ein Riese,
doch denke auch mal an Worte wie diese:
Man kann nicht immer nur Sieger sein,
du steckst auch mal Niederlagen ein.

Schon morgen kannst du vielleicht es schon spüren,
doch darfst du die Hoffnung dann auch nicht verlieren.
Bleib dran an den Zielen wie die Made am Speck,
sonst laufen dir sämtliche Ziele weg.

Vergebene Liebesmüh

Sie ist ganz plötzlich fortgegangen,
frag mich die ganze Zeit – warum ?
Es hat so herrlich angefangen.
Ich weiß nicht, was nahm sie mir krumm ?

Hab mit Gefühlen nicht gespielt
und ihre Wünsche wohl gekannt.
Ich frage, was hat sie gefühlt ?
Sie ist ganz einfach fortgerannt.

Hab ihr auch Arbeit abgenommen,
vor allem die im Internet.
Wie weit wär sie denn nur gekommen,
wenn ich nicht den Computer hätt ?

Doch hat sie meine Müh verlacht.
Ich will ja damit auch nicht prahlen.
Hab den Kaffee ans Bett gebracht.
Sie brauchte ihn nur noch zu mahlen.

Die gelangweilte Ratte

Es gab mal eine kleine Ratte,
die oftmals Langeweile hatte.
Seit sie ein Buch nahm in die Hand,
wird Leseratte sie genannt.

Räuchermännchen

Warum, so frag' ich mich manchmal,
gibt 's Räuchermännchen ohne Zahl,
jedoch, egal, wohin ich schau,
find' nirgends ich 'ne Räucherfrau.

Hab überall mich umgesehen
zur Weihnachtszeit – konnt 's nicht verstehen,
bei den Figuren, die da standen,
sich nur die Männer rauchend fanden.

Vielleicht gilt das als Privileg,
ich find' es dennoch ziemlich schräg,
dass diese Sparte auch bis jetzt
von Frauen ist noch unbesetzt.

Es müsste, wie im wahren Leben,
doch nicht nur Räucher-Männchen geben.
Auch Räucher-Frauen sind real.
Den Herstellern ist das egal.

Glücklicher Zufall Senryū)

Gedanken im Kopf
wer hätte das vermutet
glücklicher Zufall

Kreditschulden

Nachdem hier finanziell nichts lief,
bekam ich gerade einen Brief.
Ich komm da nicht mehr so ganz mit.
Die Bank gewährt mir gern Kredit.

Hab auf der Bank gerad keinen Cent,
hab die Gewinne stets verpennt
und frag mich schon seit ein paar Wochen:
Wohin hat sich das Geld verkrochen ?

Die Bank hat wirklich einen Kunden,
der Geld benötigt, gleich gefunden.
Ich weiß nur nicht, ist das jetzt Glück ?
Weiß nicht, wie zahl ich es zurück.

Ich möchte sagen: Dankeschön.
Hab lang nicht so viel Geld gesehn,
doch ob mir wirklich das was bringt,
wenn Rückzahlung mir nicht gelingt ?

Die Bank wird wohl vermutlich wissen,
dass Bares man bei mir wird missen.
Ich würde wissen gern den Grund,
denn ich leb von der Hand zum Mund.

Was machen sich so manche Banken
bei Angeboten für Gedanken.
Ich wünschte mir, sie würden sagen,
warum sie solche Dinge wagen.

Christmas-Abend

When the Weihnachtszeit is come
and we coole Ohren ham
come to us Sir Santa Claus
wie every year to us nach Haus.

His Bart sieht aus so very nice,
so long and beautiful in weiß.
The Mantel is so red as Blut
and passt to him auch wirklich gut.

He 's schlepping einen Sack so big,
der make the Weihnachtsmann sehr schick.
And what there in the Sack is drin,
this gives the Weihnachtsmann uns hin.

For Sister holt the Santa Claus
a very große Puppe raus.
She take die Puppe with a smile
and findet this present ganz geil.

For me he has ein neues game,
was ich from him sehr gerne nehm.
And under other Weihnachtsbaum,
erfüllt sich some another Traum.

The Rute he must stecklassen,
because uns Prügel gar nicht passen.
But he must sich not dafür schämen,
this Thing for other Kids zu nehmen.

And then zum Schluss we give to ihm
a lot of drinks von dem Jim Beam.
I hear the Santa Claus noch danken,
before he throw the Tür tut wanken.

Senfgedanken

Ich sitz hier vor ner Dose Senf
und frage mich: Ist das normal ?
Denk an die Konvention von Genf,
denn Senfgas gilt als illegal.

Der Senf wirkt fast wie eine Waffe.
Ist er sehr scharf, dann kann es sein,
dass ich es wirklich fast noch schaffe,
zu sitzen plötzlich ganz allein.

Doch frage ich, ob ich das darf,
den Senf zur Notwehr einzusetzen,
denn nehm ich Senf, dann nur ganz scharf.
So mancher flieht dann vor Entsetzen.

Ich werd den Senf wohl reduzieren,
lass den Gedanken in mir reifen.
So wird stattdessen wohl passieren,
man sieht nach Knoblauch mich jetzt greifen.

Streitigkeiten

Die Streitaxt saß auf einem Baum.
Man sah die Axt dort oben kaum,
doch hörte man beizeiten,
dass sie sehr scharfe Worte schwang.
Sehr laut und blitzend war der Klang.
Sie war sehr gut im Streiten.

Und endlich kam ein Rittersmann,
der lachte laut die Streitaxt an.
Das Lachen klang sehr helle.
Die Axt schrie an den guten Ritter,
doch all die Worte, die so bitter
zerbrachen auf der Stelle.

Sogar die scharlachgelbe Wut,
die konnte streiten nicht so gut
und das ist nicht gelogen.
Sie hat zwar lange mitgehalten,
wurd aber von der Axt gespalten,
hat sich dann schnell verzogen.

Das blühende Glück

Ich sah die Blume dort am Rand,
fand sie sehr schön und wollt sie pflücken.
und streckte nach ihr aus die Hand.
Sie sollte doch mein Heim beglücken.

Beim Greifen plötzlich kam die Frage,
Was wär für 's Blümlein der Gewinn.
Sie würde blühn bei mir 5 Tage,
danach wär sie für immer hin.

Sie würde schnell verwelken mir.
Was sollte ich denn tun dagegen ?
Nur kurze Zeit blieb ihr als Zier,
dann hätte sie im Müll gelegen.

So zog ich meine Hand zurück
und ließ die Blume einfach stehen.
Ich lasse dieses blühend Glück
auch viele andre Menschen sehen.

Zwischen Gut und Böse

Beim Kampf der zwei Welten
steh ich wohl dazwischen,
weder Himmel noch Hölle
können mich da erwischen,
denn bin ich auch noch
so entfernt einem Engel,
so bin ich gewiss
auch kein teuflischer Bengel.

Ich glaube ja fast,
ich würd nach meinem Leben,
keinem von beiden
die Möglichkeit geben,
mich als einen
der Ihrigen anzuerkennen,
nicht als Engel
und auch nicht als Teufel benennen.

Zwar könnt ich den Umstand
auch wirklich bedauern,
den Weg nicht zu finden,
vielleicht auch betrauern,
doch denke ich auch,
das hat keinen Sinn,
ich bleibe sehr gerne
der Mensch, der ich bin.

So werd ich wohl Himmel
und Hölle nicht sehen,
werd am Ende hier
auf der Erde vergehen,
doch bleibe ich
meinem Glauben stets treu,
aus dem Tod erwächst
manches Leben stets neu.

Dadurch hat auch
der Tod einen Sinn,
da ich gleichzeitig
Lebensspender bin.
Mein Wunsch ist
in jedem Fall für die Erde,
dass neues Leben
immer geboren werde.

Lebensgefühl (Senryū)

Den Schalk im Nacken
ein schönes Lebensgefühl
Humor verschenken

Erziehung eines Nachbarn

Ich hab meinen Nachbarn zusammengestaucht,
weil ich denke, dass der so was öfter mal braucht.
Ich fühl mich so stark, denn man zittert vor mir,
es ist doch ganz toll, wenn ich das wirklich spür.

Na schön – er hatte die Musik etwas laut,
die mich nicht wirklich vom Hocker haut.
Sie hat mich ja eigentlich nicht gestört,
doch immerhin hab ich sie gehört.

Es war ja auch nicht sehr spät heut am Tage,
doch sprach ich vor Wut, dass ich es kaum ertrage,
auch wenn sie nicht echt war – sie war nur gespielt.
Wichtig ist nur, dass meine Größe er fühlt.

Ich könnt ihm auch drohen mit unserm Vermieter,
doch reicht es, er spürt in mir den Gebieter,
der ihm sagt, was ist gut, was ist schlecht.
Die Hauptsache ist doch, er macht es mir recht.

Fettnäpfchen (Senryū)

Napf mit Fett gefüllt
stehst jetzt da empfangsbereit
wartest schon auf mich

Die Jahreszeiten

Der Frühling kommt mit ersten Sonnenstrahlen,
nimmt frohe Farben, um die Welt bunt anzumalen.
Er hat in der Natur sehr viele Fans
und auch bei uns - das ist der Lenz.

Der Sommer bringt die Wärme – manchmal Hitze.
Wenn es zu schwül war, sendet er uns Blitze.
So mancher Sommerspaß wird umgesetzt.
Man kann viel machen – Sommer fetzt.

Der Herbst macht fröhlich grüne Blätter bunt,
bevor sie fallen auf des Bodens Grund.
Man sieht, wie Kinder Drachen steigen lassen,
den Herbst will niemand gern verpassen.

Der Winter kommt mit Frost und Schnee daher.
Gesund zu bleiben, fällt sehr oft uns schwer.
Doch kann auch er den Menschen Freude bringen.
Zum Beispiel, wenn sie Weihnachtslieder singen.

Die Jahreszeiten, so kann man schon sagen,
sieht man sehr schnell an uns vorüberjagen
und spätestens Silvester wird uns klar:
Das wars schon wieder mit dem alten Jahr.

Vorsatz für das neue Jahr

Im neuen Jahr wird alles besser,
ich bin mir sicher – ganz bestimmt.
Egal, worum es immer geht,
wird alles auf Erfolg getrimmt.

Hab mir Reserven angefuttert
in beiden Hüften und im Bauch,
doch werden diese jetzt verschwinden,
weil ich sie nicht so wirklich brauch.

Gesundheitlich wird das ganz toll,
werd' keine Zipperlein mehr kennen
der Sport wird nie zu kurz mehr kommen,
kann bald schon wie ein Gepard rennen.

Familie und auch Freunde grübeln
sich aus der Stirn den blanken Schweiß
wie es denn dazu kommen konnte,
dass ich jetzt alles kann und weiß.

Und auch auf Arbeit wird man fragen:
Was ist denn nur mit dir passiert ?
Kein Fehler schleicht sich bei dir ein,
es läuft ja alles wie geschmiert !

Dabei ist das doch nur der Wille,
der ganze Berge jetzt versetzt
und mich auf der Erfolgesleiter
bis hin zur höchsten Sprosse hetzt.

Doch sollte manches nicht gelingen,
dann ist für mich schon heute klar:
was immer ich davon nicht schaffe,
bleibt für das nächste neue Jahr.

Der Autor stellt sich vor

Ich wurde am 04.02.1962 in Staßfurt geboren und wohne und arbeite zur Zeit in Erfurt. Meine Kindheit verbrachte ich in dem schönen Harzer Städtchen Derenburg. Schon als Schüler schrieb ich erste Gedichte und Kurzgeschichten, von denen allerdings fast nichts mehr erhalten geblieben ist. Das Schreiben gab ich auf, als es darum ging, die Prüfungen erfolgreich hinter mich zu bringen und eine Lehre zu beginnen.

Erst im Dezember des Jahres 2003 versuchte ich mich wieder mal an einem Gedicht – ein Gedicht zum Jahreswechsel und stellte es in ein Forum ins Internet. Als ich auf das Gedicht positive Reaktionen bekam, schrieb ich ab 2004 weitere Gedichte. Seitdem gehört das Schreiben wieder zu meinen Hobbys.

Für meine Gedichte bevorzuge ich die klassische Reimform, inhaltlich beschäftigen sich diese Gedichte vorwiegend mit lebensnahen Themen, die ich gern in witziger oder ironischer Form den Lesern zugänglich mache. Aber auch ernste Themen dürfen natürlich nicht fehlen.

Viel Spaß beim Lesen der Gedichte wünscht

Detlef Heublein

Inhalt